Impressum
Verlag: BABADADA GmbH, Nedderfeld 112 , 22529 Hamburg
Geschäftsführer / Verlagsleitung: Harald Hof
Druck: Books on Demand GmbH, In de Tarpen 42, 22848 Norderstedt

Imprint
Publisher: BABADADA GmbH, Nedderfeld 112 , 22529 Hamburg, Germany
Managing Director / Publishing direction: Harald Hof
Print: Books on Demand GmbH, In de Tarpen 42, 22848 Norderstedt

koulu

colegio

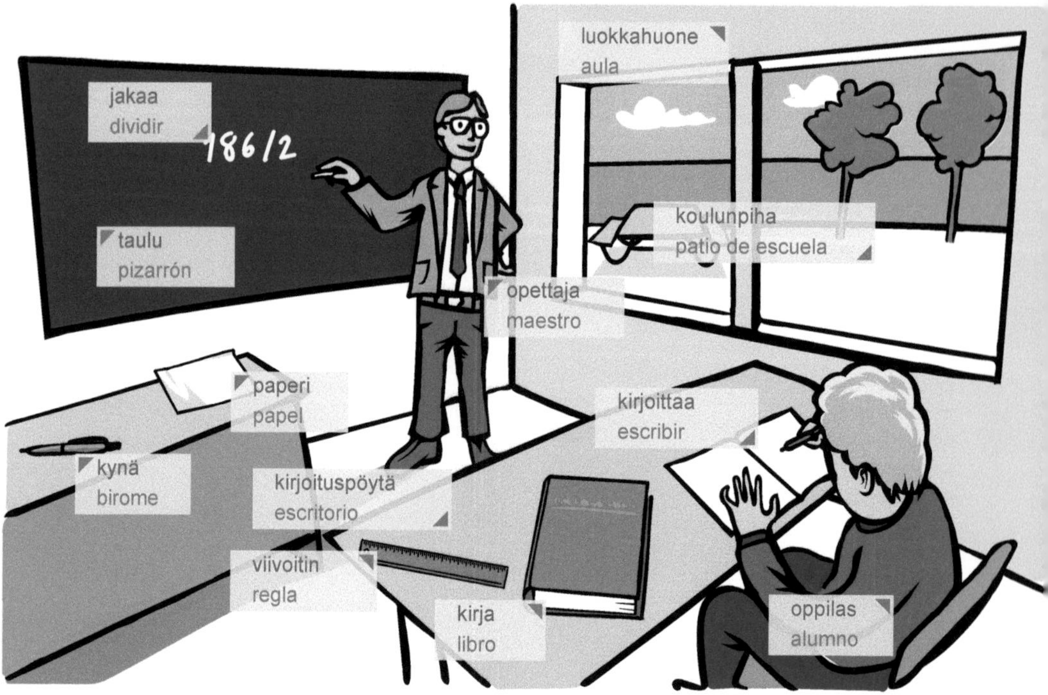
luokkahuone
aula
jakaa
dividir
186/2
taulu
pizarrón
koulunpiha
patio de escuela
opettaja
maestro
paperi
papel
kirjoittaa
escribir
kynä
birome
kirjoituspöytä
escritorio
viivoitin
regla
kirja
libro
oppilas
alumno

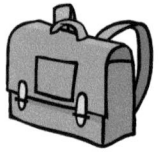

reppu

mochila

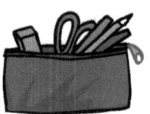

penaali

caja de lápices

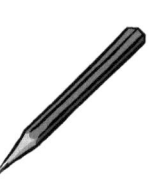

lyijykynä

lápiz

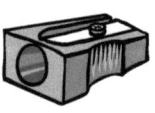

kynänteroitin

sacapuntas

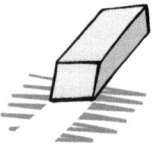

pyyhekumi

goma (de borrar)

piirustuslehtiö

bloc de dibujo

piirustus

dibujo

pensseli

pincel

vesivärit

caja de pinturas

sakset

tijera

liima

pegamento

harjoituskirja

cuaderno de ejercicios

kotitehtävä

tarea

12

luku

número

2+2

lisätä

sumar

5-2

vähentää

restar

2×2

kertoa

multiplicar

laskea

calcular

A

kirjain

letra

ABCDEFG
HIJKLMN
OPQRSTU
VWXYZ

aakkoset

abecedario

sana

palabra

teksti

texto

lukea

leer

liitu

tiza

oppitunti

lección

opettajan muistikirja

cuaderno de clase

koe

examen

todistus

certificado

koulupuku

uniforme escolar

koulutus

educación

sanakirja

enciclopedia

yliopisto

universidad

mikroskooppi

microscopio

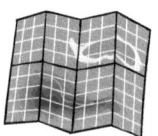

kartta

mapa

roskakori

tacho (de basura)

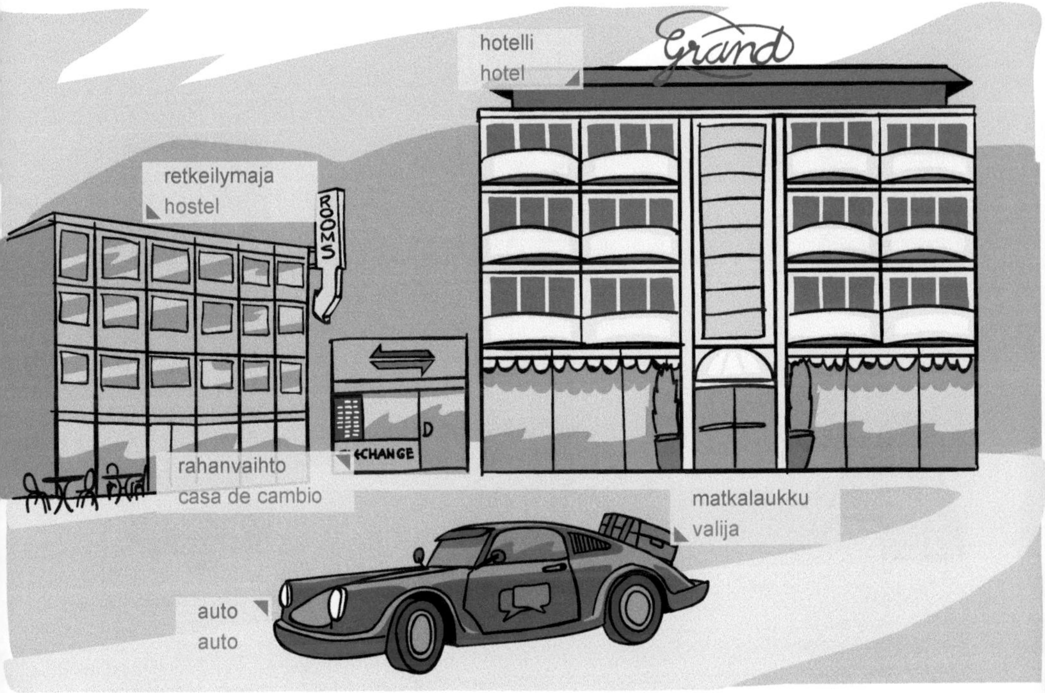

hotelli
hotel

retkeilymaja
hostel

rahanvaihto
casa de cambio

matkalaukku
valija

auto
auto

		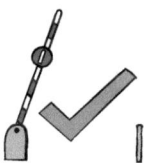
kieli	kyllä / ei	selvä
idioma	sí / no	Está bien

hei	tulkki	kiitos
hola	traductor	Gracias

Paljonko...maksaa?

¿cuánto cuesta...?

en ymmärrä

No entiendo

ongelma

problema

Hyvää iltaa!

¡Buenas tardes!

Hyvää huomenta!

¡Buenos días!

Hyvää yötä!

¡Buenas noches!

näkemiin

adiós

suunta

dirección

matkatavarat

equipaje

laukku

bolso

reppu

mochila

vieras

invitado

huone

habitación

makuupussi

bolsa de dormir

teltta

carpa

matka - viaje

turisti-info

información turística

ranta

playa

luottokortti

tarjeta de crédito

aamupala

desayuno

lounas

almuerzo

päivällinen

cena

matkalippu

pasaje

hissi

ascensor

postimerkki

sello

raja

frontera

tulli

aduana

suurlähetystö

embajada

viisumi

visa

passi

pasaporte

kuljetus
transporte

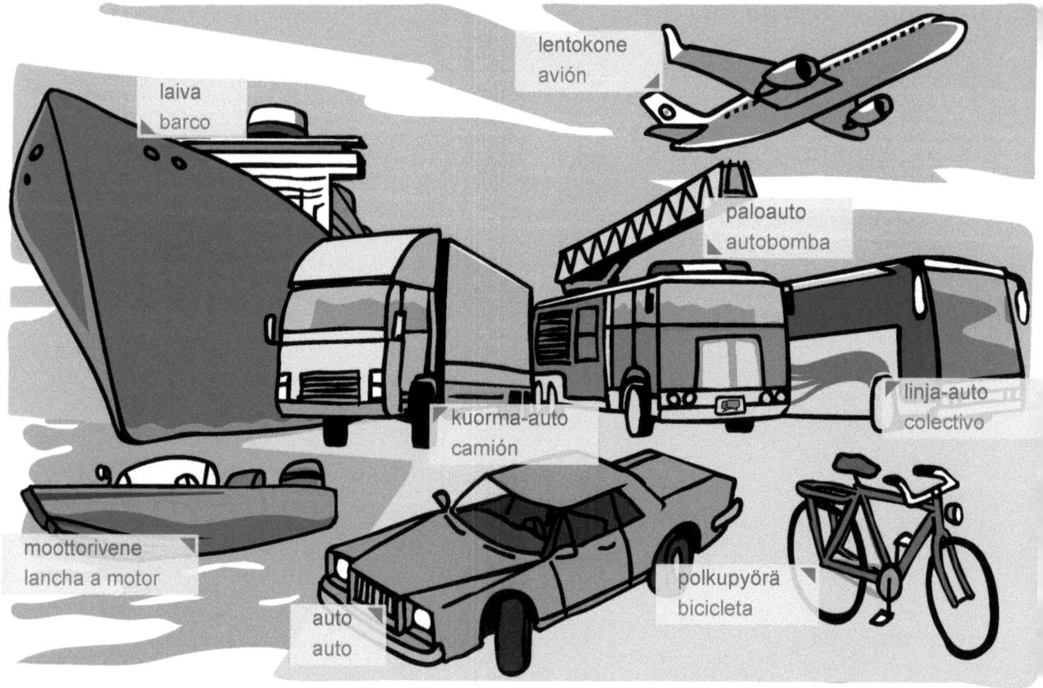

lentokone
avión
laiva
barco
paloauto
autobomba
linja-auto
colectivo
kuorma-auto
camión
moottorivene
lancha a motor
polkupyörä
bicicleta
auto
auto

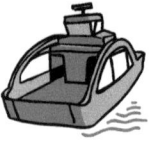

lautta

ferry

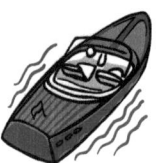

vene

bote

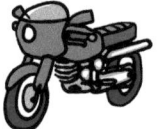

moottoripyörä

moto

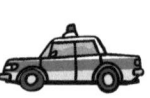

poliisiauto

patrullero

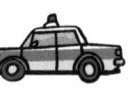

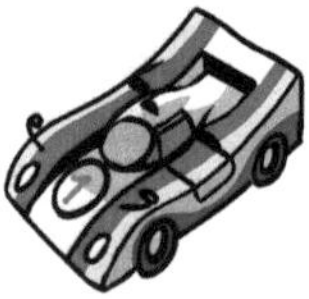

kilpa-auto

auto de carreras

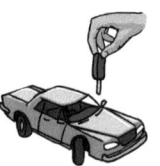

vuokra-auto

auto de alquiler

car sharing

alquiler de autos

hinausauto

grúa

roska-auto

camión de basura

moottori

motor

polttoaine

nafta

huoltoasema

estación de servicio

liikennemerkki

señal de tránsito

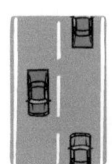

liikenne

tránsito

ruuhka

embotellamiento

parkkipaikka

estacionamiento

rautatieasema

estación de tren

raiteet

vías

juna

tren

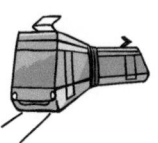

raitiovaunu

tranvía

vaunu

vagón

helikopteri

helicóptero

lentokenttä

aeropuerto

lähilennonjohto

torre

matkustaja

pasajero

kontti

contenedor

pahvilaatikko

caja de cartón

kärryt

carretilla

kori

canasta

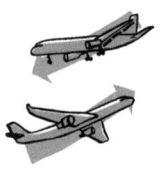

nousta / laskea

despegar / aterrizar

kaupunki

ciudad

kylä

pueblo

keskusta

centro de ciudad

talo

casa

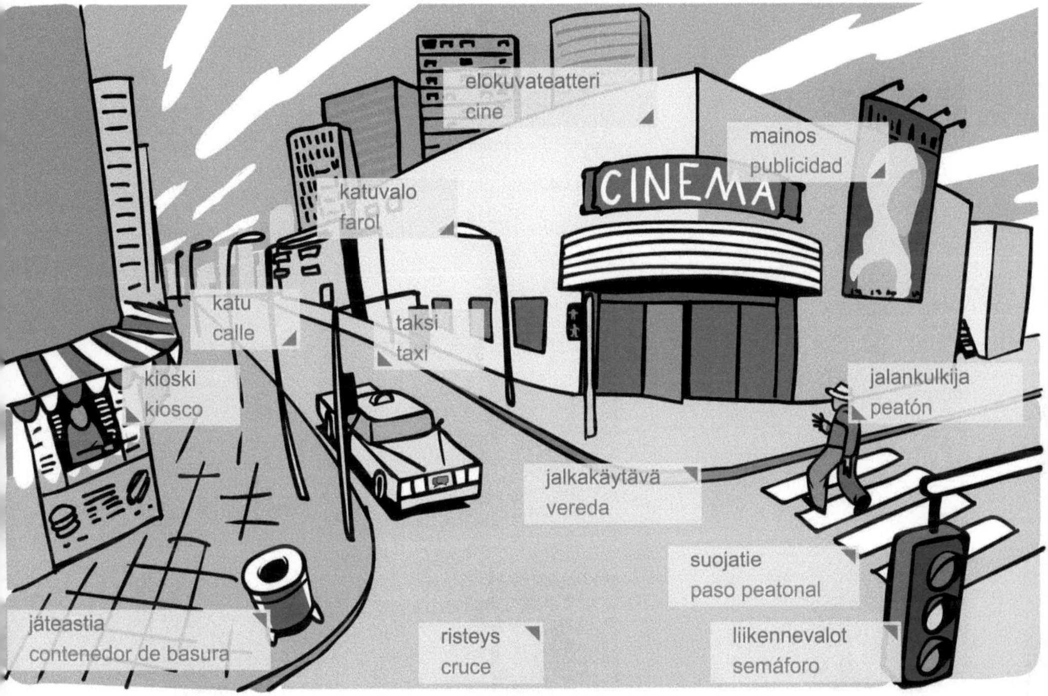
elokuvateatteri
cine
mainos
publicidad
CINEMA
katuvalo
farol
katu
calle
taksi
taxi
kioski
kiosco
jalankulkija
peatón
jalkakäytävä
vereda
suojatie
paso peatonal
jäteastia
contenedor de basura
risteys
cruce
liikennevalot
semáforo

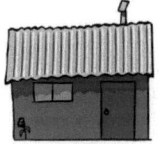

mökki

cabaña

kerrostalo

departamento

rautatieasema

estación de tren

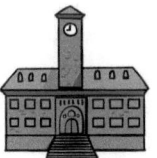

kaupungintalo

municipalidad

MUSEUM

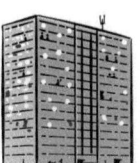

museo

museo

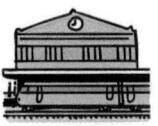

koulu

colegio

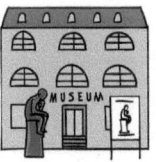

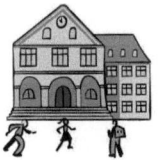

yliopisto
universidad

pankki
banco

sairaala
hospital

hotelli
hotel

apteekki
farmacia

toimisto
oficina

kirjakauppa
librería

liike
negocio

kukkakauppa
florería

supermarketti
supermercado

tori
mercado

tavaratalo
grandes tiendas

kalakauppias
pescadería

ostoskeskus
centro comercial

satama
puerto

puisto
parque

penkki
banco

silta
puente

portaat
escaleras

metro
subte

tunneli
túnel

linja-autopysäkki
parada del colectivo

baari
bar

ravintola
restaurante

postilaatikko
buzón

katukyltti
letrero

parkkimittari
parquímetro

eläintarha
zoológico

uimala
pileta

moskeija
mezquita

maatila
granja

ympäristön saastuminen
contaminación

hautausmaa
cementerio

kirkko
iglesia

leikkikenttä
juegos infantiles

temppeli
templo

maisema

paisaje

lehti
hoja

tienviitta
poste indicador

tie
camino

niitty
pradera

kivi
piedra

puu
árbol

retkeilijä
excursionista

joki
río

ruoho
hierba

kukka
flor

laakso
valle

vuori
montaña

järvi
lago

metsä
bosque

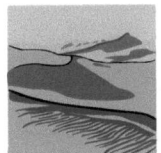

aavikko
desierto

tulivuori
volcán

linna
castillo

sateenkaari
arco iris

sieni
champiñón

palmu
palmera

hyttynen
mosquito

kärpänen
mosca

muurahainen
hormiga

mehiläinen
abeja

hämähäkki
araña

maisema - paisaje

15

kovakuoriainen

escarabajo

sammakko

rana

orava

ardilla

siili

erizo

jänis

liebre

pöllö

lechuza

lintu

pájaro

joutsen

cisne

villisika

jabalí

peura

ciervo

hirvi

alce

pato

presa

tuulimylly

aerogenerador

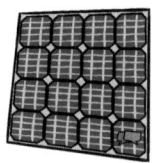

aurinkopaneeli

panel solar

ilmasto

clima

ravintola

restaurante

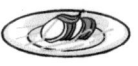

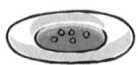

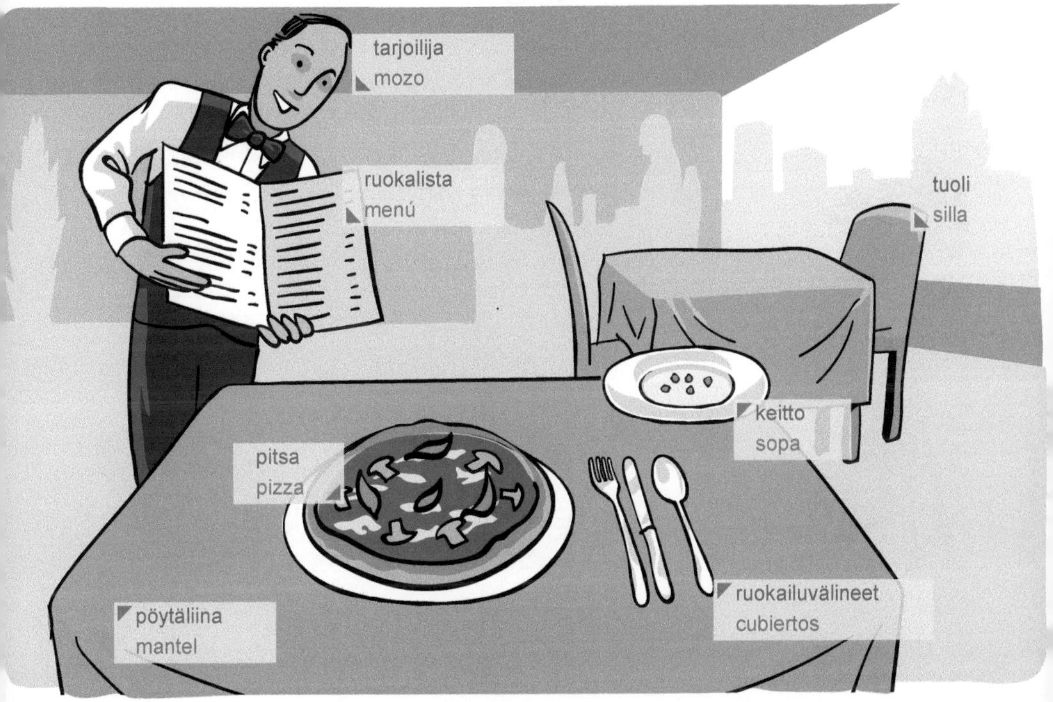

tarjoilija
mozo
ruokalista
menú
tuoli
silla
keitto
sopa
pitsa
pizza
ruokailuvälineet
cubiertos
pöytäliina
mantel

alkuruoka

entrada

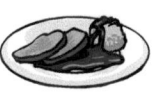

pääruoka

plato principal

jälkiruoka

postre

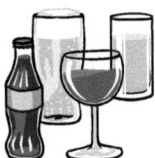

juomat

bebidas

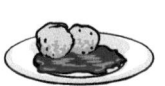

ruoka

comida

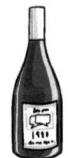

pullo

botella

pikaruoka

comida rápida

katuruoka

comida callejera

teekannu

tetera

sokeriastia

azucarera

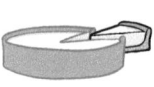

annos

porción

espressokeitin

cafetera expreso

syöttötuoli

sillita alta

lasku

cuenta

tarjotin

bandeja

veitsi

cuchillo

haarukka

tenedor

lusikka

cuchara

teelusikka

cucharita

servietti

servilleta

lasi

vaso

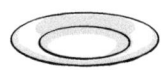

lautanen

plato

syvä lautanen

plato hondo

aluslautanen

plato

kastike

salsa

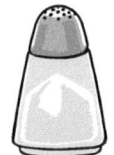

suolasirotin

salero

pippurimylly

molinillo de pimienta

etikka

vinagre

öljy

aceite

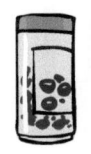

mausteet

especias

ketsuppi

kétchup

sinappi

mostaza

majoneesi

mayonesa

supermarketti
supermercado

tarjous
oferta especial
FOR
asiakas
cliente
maitotuotteet
lácteos
hedelmät
fruta
ostoskärryt
changuito

BUTCHERS

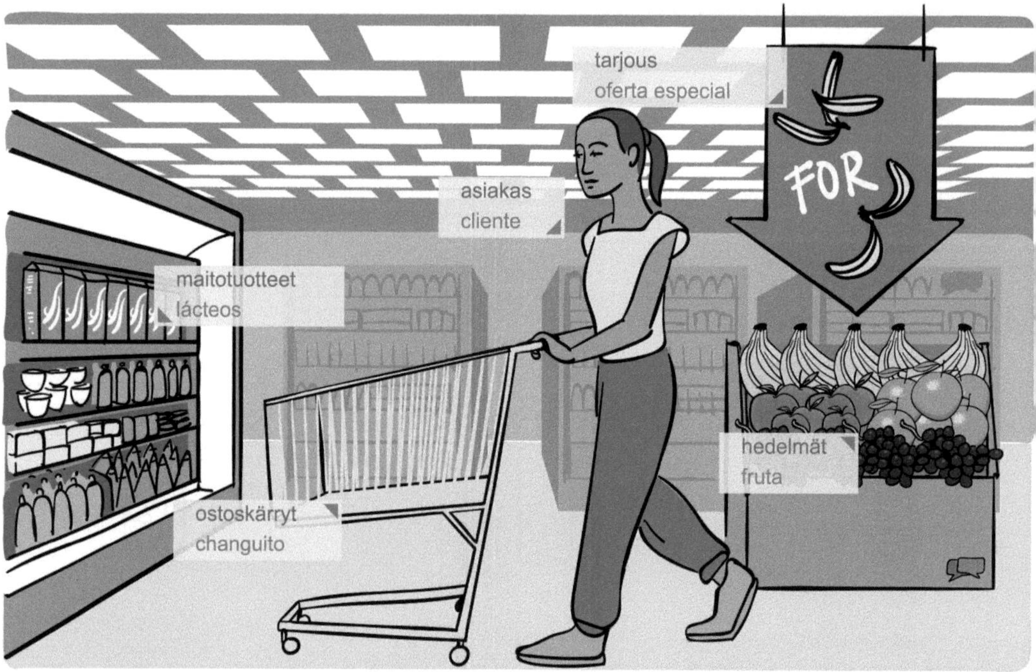

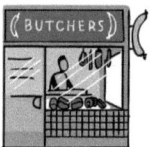

teurastamo

carnicería

BAKERY

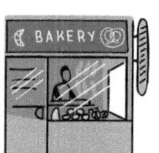

leipomo

panadería

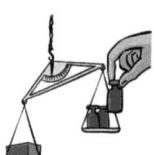

punnita

pesar

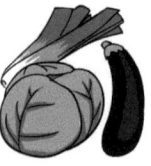

kasvikset

verduras

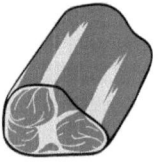

liha

carne

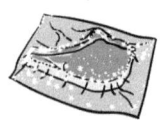

pakasteet

alimentos congelados

leikkele

fiambres

säilykkeet

alimentos enlatados

pesujauhe

detergente en polvo

makeiset

golosinas

kotitaloustarvikkeet

electrodomésticos

puhdistusaineet

productos de limpieza

myyjä

vendedora

kassa

caja

kassanhoitaja

cajero

ostoslista

lista de compras

aukioloajat

horario de atención

lompakko

billetera

luottokortti

tarjeta de crédito

kassi

cartera

muovipussi

bolsa de plástico

vesi

agua

mehu

jugo

maito

leche

kokis

bebida cola

viini

vino

olut

cerveza

alkoholi

alcohol

kaakao

cacao

tee

té

kahvi

café

espresso

café expreso

cappuccino

cappuccino

banaani

banana

omena

manzana

appelsiini

naranja

meloni

melón

sitruuna

limón

porkkana

zanahoria

valkosipuli

ajo

bambu

bambú

sipuli

cebolla

sieni

champiñón

pähkinät

nueces

spagetti

fideos

spagetti

tallarines

riisi

arroz

salaatti

ensalada

ranskalaiset

papas fritas

paistetut perunat

papas fritas

pitsa

pizza

hampurilainen

hamburguesa

voileipä

sándwich

leike

churrasco

kinkku

jamón

salami

salame

makkara

salchicha

kana

pollo

paisti

asado

kala

pescado

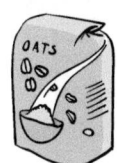

kaurahiutaleet

copos de avena

mysli

muesli

murot

copos de maíz

jauho

harina

voisarvi

medialuna

sämpylä

pancito

leipä

pan

paahtoleipä

tostada

keksit

galletitas

voi

manteca

rahka

cuajada

kakku

torta

kananmuna

huevo

paistettu kananmuna

huevo frito

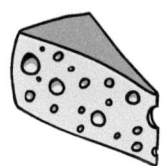

juusto

queso

jäätelö

helado

sokeri

azúcar

hunaja

miel

hillo

mermelada

suklaapähkinälevite

pasta de chocolate

curry

curry

maatila
granja

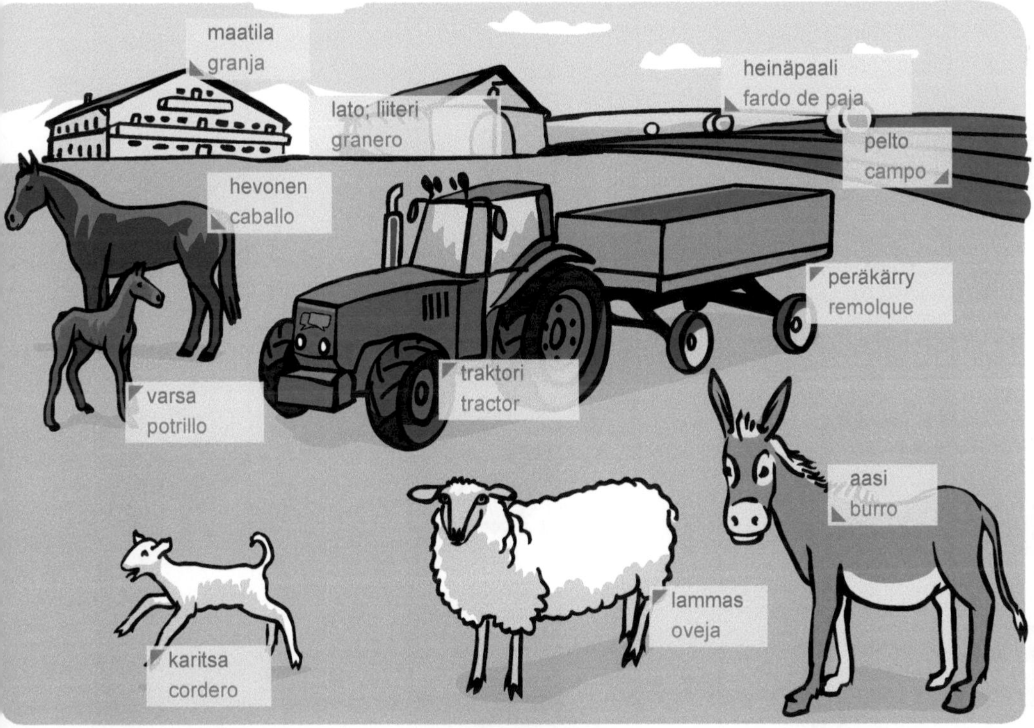

maatila
granja
lato; liiteri
granero
heinäpaali
fardo de paja
pelto
campo
hevonen
caballo
peräkärry
remolque
traktori
tractor
varsa
potrillo
aasi
burro
lammas
oveja
karitsa
cordero

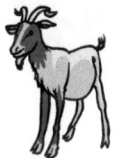

vuohi

cabra

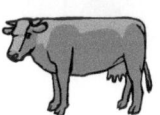

lehmä

vaca

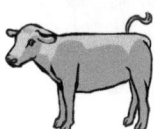

vasikka

ternero

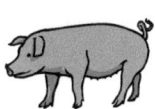

sika

cerdo

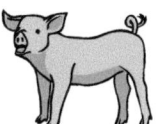

porsas

lechón

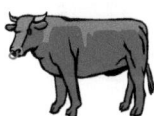

sonni

toro

hanhi

ganso

ankka

pato

tipu

pollo

kana

gallina

kukko

gallo

rotta

rata

kissa

gato

hiiri

ratón

härkä

buey

koira

perro

koirankoppi

cucha

puutarhaletku

manguera

kastelukannu

regadera

viikate

guadaña

aura

arado

sirppi

hoz

kuokka

azada

talikko

horquilla

kirves

hacha

kottikärryt

carretilla

kaukalo

abrevadero

maitokannu

lechera

säkki

bolsa

aita

reja

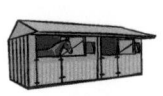

talli

establo

kasvihuone

invernadero

maa

suelo

siemen

semilla

lannoite

fertilizador

leikkuupuimuri

cosechadora

kerätä sato

cosechar

sato

cosecha

jamssit

batatas

vehnä

trigo

soija

soja

peruna

papa

maissi

maíz

rypsi

semilla de colza

hedelmäpuu

árbol frutal

maniokki

mandioca

vilja

cereales

talo

casa

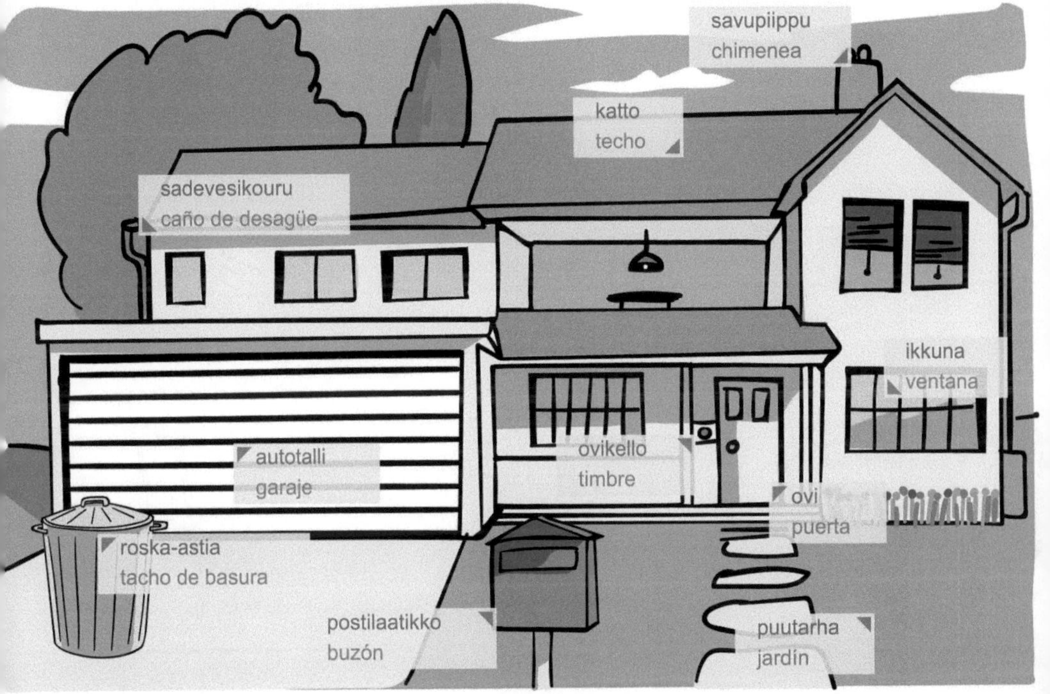
savupiippu
chimenea
katto
techo
sadevesikouru
caño de desagüe
ikkuna
ventana
autotalli
garaje
ovikello
timbre
ovi
puerta
roska-astia
tacho de basura
postilaatikko
buzón
puutarha
jardín

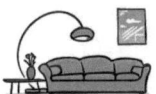

olohuone

living

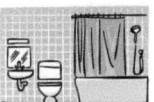

kylpyhuone

baño

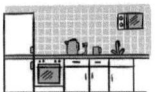

keittiö

cocina

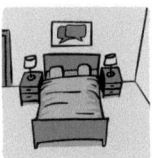

makuuhuone

dormitorio

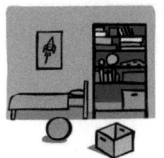

lastenhuone

cuarto de los chicos

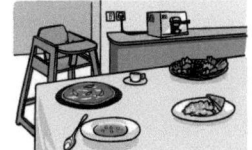

ruokahuone

comedor

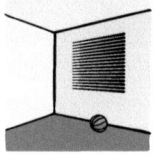

lattia

piso

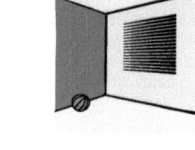

seinä

pared

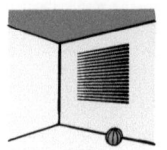

katto

cielorraso

kellari

sótano

sauna

sauna

parveke

balcón

terassi

terraza

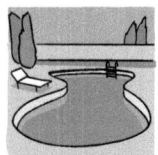

uima-allas

pileta

ruohonleikkuri

cortadora de pasto

lakana

sábana

päiväpeitto

acolchado

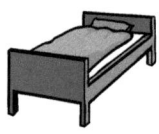

sänky

cama

harja

escoba

ämpäri

balde

katkaisin

interruptor

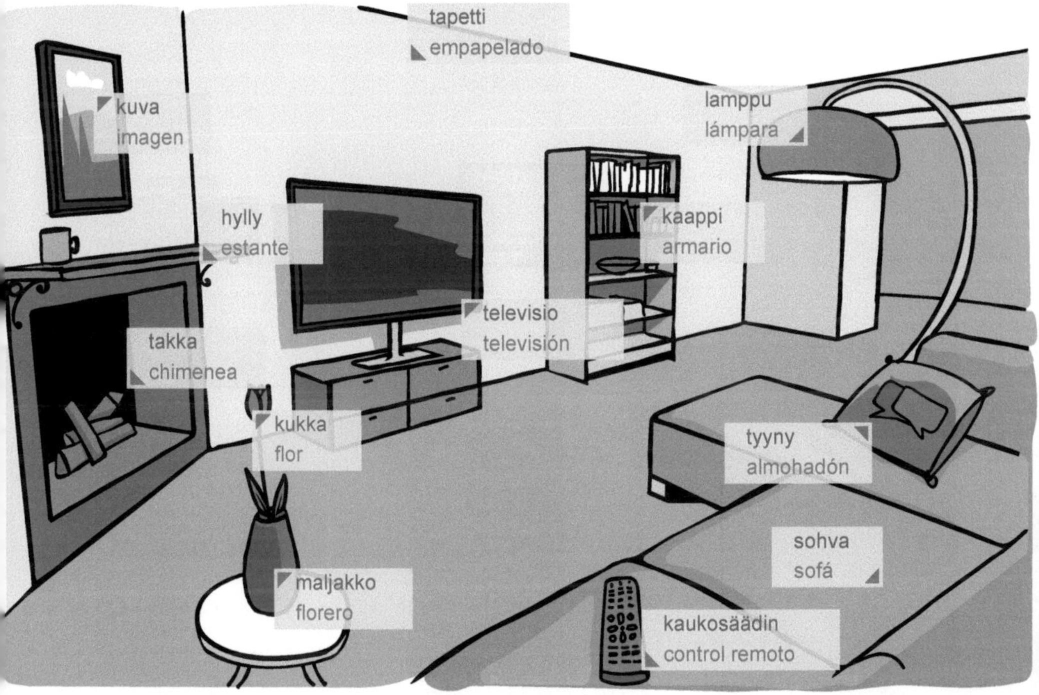

tapetti
empapelado

lamppu
lámpara

kuva
imagen

hylly
estante

kaappi
armario

televisio
televisión

takka
chimenea

kukka
flor

tyyny
almohadón

sohva
sofá

maljakko
florero

kaukosäädin
control remoto

matto

alfombra

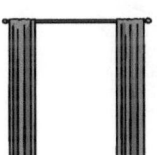

verho

cortina

pöytä

mesa

tuoli

silla

keinutuoli

mecedora

nojatuoli

sillón

kirja

libro

peitto

frazada

koriste

decoración

polttopuut

leña

elokuva

película

stereot

equipo de música

avain

llave

sanomalehti

diario

maalaus

pintura

juliste

póster

radio

radio

muistivihko

cuaderno

pölynimuri

aspiradora

kaktus

cactus

kynttilä

vela

keittiö
cocina

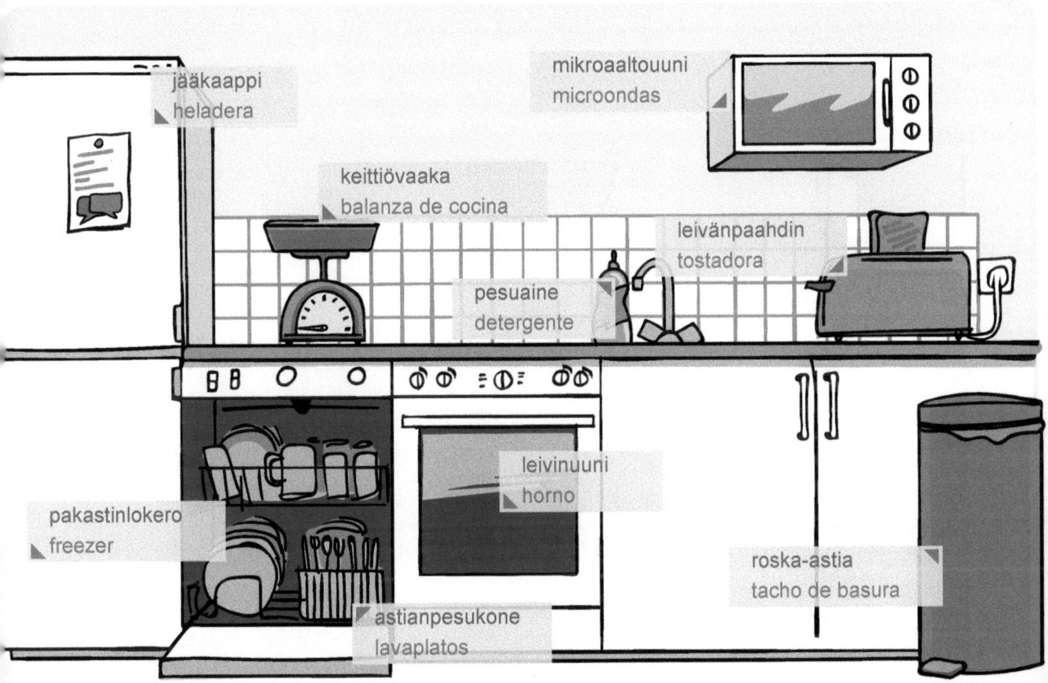
jääkaappi
heladera
mikroaaltouuni
microondas
keittiövaaka
balanza de cocina
leivänpaahdin
tostadora
pesuaine
detergente
leivinuuni
horno
pakastinlokero
freezer
roska-astia
tacho de basura
astianpesukone
lavaplatos

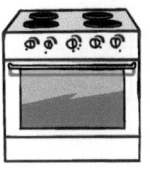

liesi

cocina

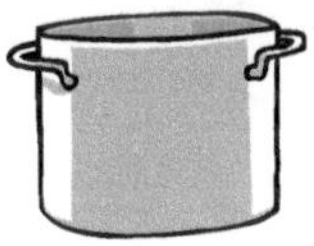

kattila

olla

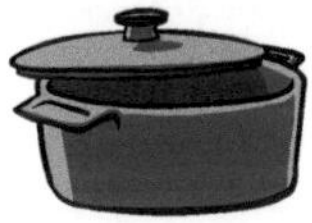

rautapata

olla de hierro fundido

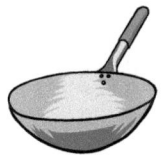

vokkipannu / kadai-pannu

wok

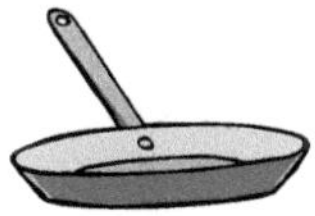

paistinpannu

sartén

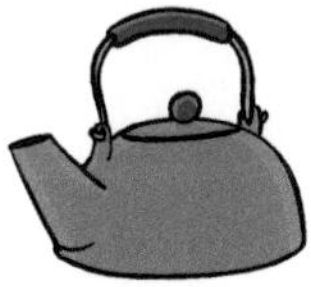

teepannu

pava

höyrykeitin

vaporera

uunipelti

bandeja de horno

astiat

vajilla

muki

taza

kulho

bol

syömäpuikot

palitos

kauha

cucharón

paistinlasta

estpátula

vispilä

batidora

siivilä

colador

siivilä

colador

raastin

rallador

mortteli

mortero

grilli

parrilla

avotuli

fogata

leikkuulauta

tabla de picar

kaulin

palo de amasar

korkinavaaja

sacacorchos

purkki

lata

purkinavaaja

abrelatas

pannulappu

manopla

lavuaari

pileta

tiskiharja

cepillo

pesusieni

esponja

tehosekoitin

batidora

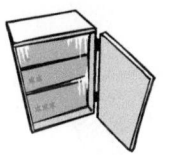

pakastin

congelador

tuttipullo

mamadera

vesihana

canilla

kylpyhuone
baño

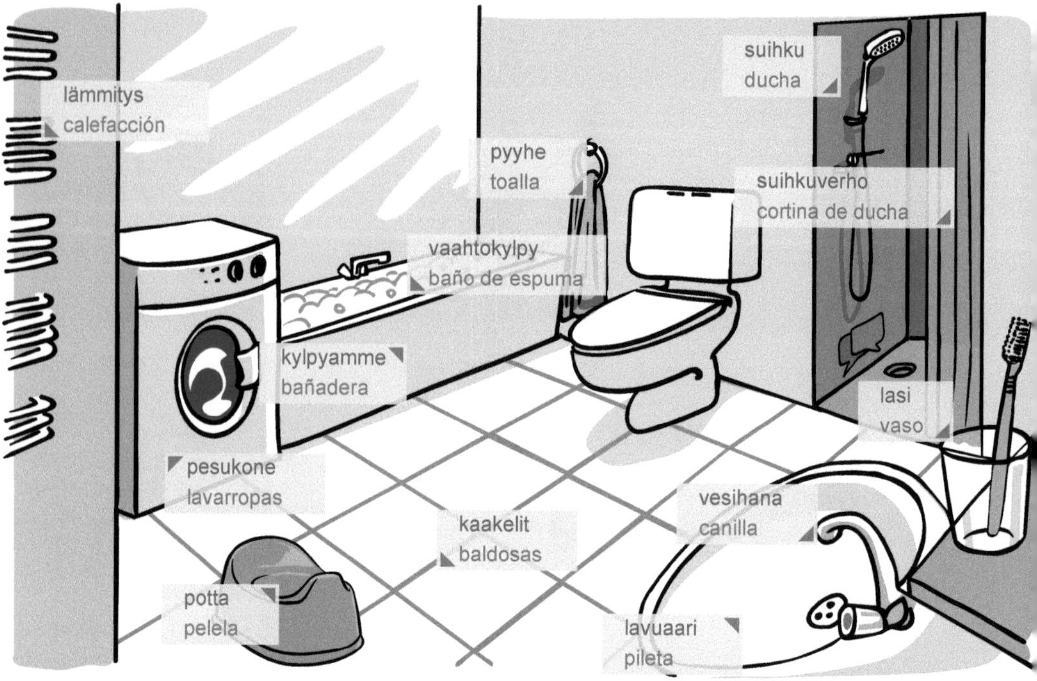
lämmitys
calefacción
suihku
ducha
pyyhe
toalla
suihkuverho
cortina de ducha
vaahtokylpy
baño de espuma
kylpyamme
bañadera
lasi
vaso
pesukone
lavarropas
vesihana
canilla
kaakelit
baldosas
potta
pelela
lavuaari
pileta

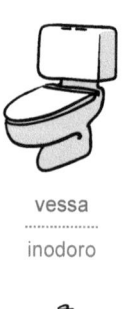

vessa

inodoro

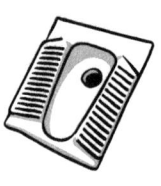

kyykkyvessa

letrina

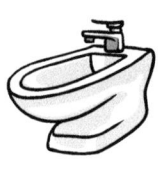

bidee

bidé

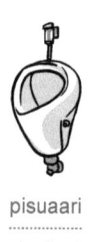

pisuaari

mingitorio

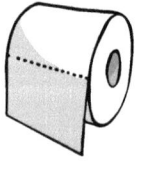

vessapaperi

papel higiénico

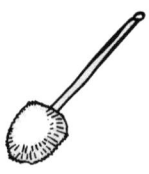

vessaharja

cepillo para el inodoro

hammasharja

cepillo de dientes

hammastahna

dentífrico

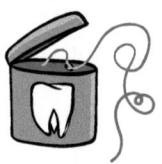

hammaslanka

hilo dental

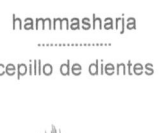

pestä

lavar

käsisuihku

ducha de mano

intiimisuihku

ducha higiénica

pesuvati

palangana

selkäharja

cepillo para espalda

saippua

jabón

suihkugeeli

gel de ducha

shampoo

shampoo

pesulappu

toallita

viemäri

desagüe

voide

crema

deodorantti

desodorante

peili
espejo

käsipeili
espejito

partaveitsi
maquinita de afeitar

partavaahto
espuma de afeitar

partavesi
aftershave

kampa
peine

harja
cepillo

hiustenkuivaaja
secador de pelo

hiuslakka
spray

meikki
maquillaje

huulipuna
lápiz de labios

kynsilakka
esmalte para uñas

pumpuli
algodón

kynsisakset
tijera para uñas

hajuvesi
perfume

kylpyhuone - baño

kosmetiikkalaukku

portacosméticos

jakkara

banqueta

vaaka

balanza

kylpytakki

bata

kumihansikkaat

guantes de goma

tamponi

tampón

terveysside

toallita femenina

kemiallinen wc

baño químico

lastenhuone

cuarto de los chicos

herätyskello
despertador
pehmolelu
peluche
leikkiauto
coche de juguete
helistin
sonajero
nukkekoti
casa de muñecas
lahja
regalo

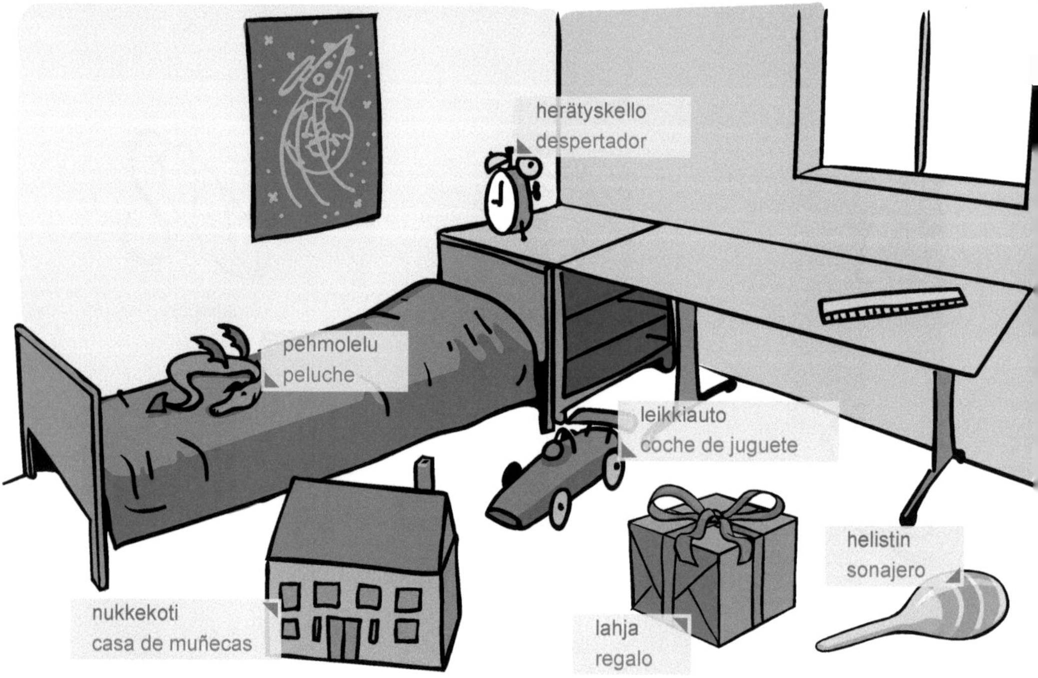

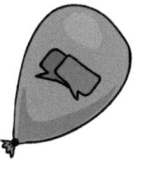

ilmapallo

globo

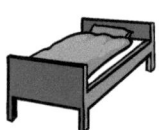

sänky

cama

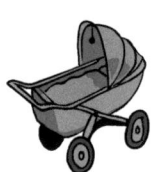

lastenvaunut

cochecito

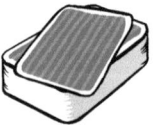

korttipeli

cartas

palapeli

rompecabezas

SUPER
MEGA

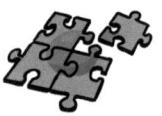

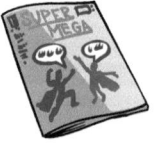

sarjakuva

historieta

legopalikat

piezas de lego

rakennuspalikat

ladrillos de juguete

supersankari

figura de acción

potkupuku

enterito (de bebé)

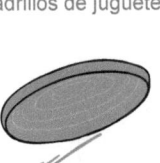

frisbee

frisbee

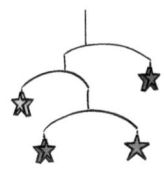

mobile

móvil para bebés

lautapeli

juego de mesa

noppa

dados

pienoisjunarata

tren eléctrico

tutti

chupete

juhlat

fiesta

kuvakirja

libro de cuentos ilustrado

pallo

pelota

nukke

muñeca

leikkiä

jugar

hiekkalaatikko

arenero

keinu

hamaca

lelut

juguetes

pelikonsoli

consola de videojuegos

kolmipyörä

triciclo

nalle

osito de peluche

vaatekaappi

armario

vaatteet

ropa

sukat

medias

nylonsukat

medias panty

sukkahousut

calzas

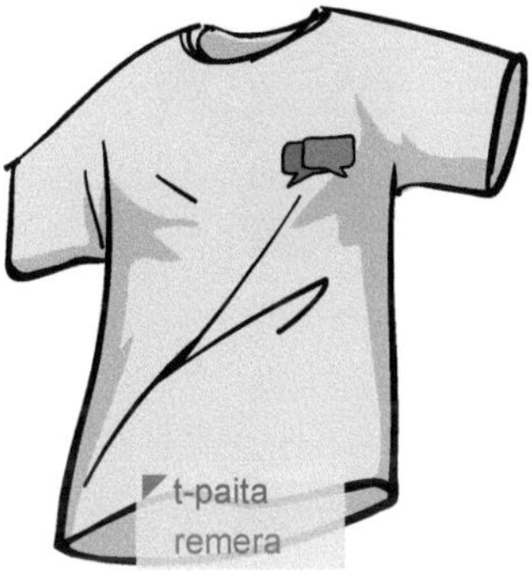

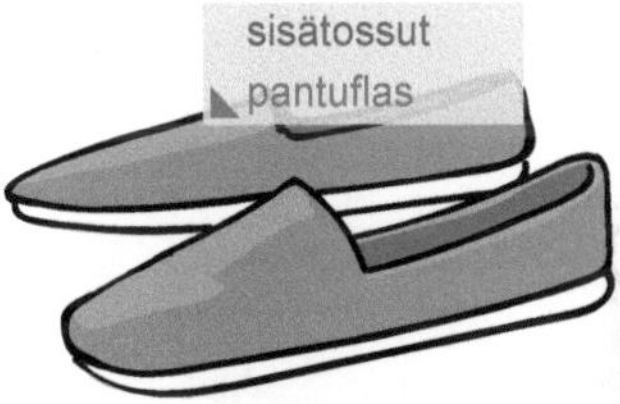

kaulaliina
bufanda

vyö
cinturón

sateenvarjo
paraguas

t-paita
remera

lenkkarit
zapatillas

saappaat
botas

sisätossut
pantuflas

sandaalit
sandalias

kengät
zapatos

kumisaappaat
botas de goma

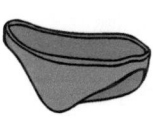

alushousut
ropa interior

rintaliivit
corpiño

aluspaita
chaleco

body

body

housut

pantalones

farkut

jeans

hame

pollera

pusero

blusa

paita

camisa

villapaita

pulóver

collegepaita

buzo

jakku

blazer

takki

campera

takki

tapado

sadetakki

piloto

puku

traje

mekko

vestido

hääpuku

vestido de novia

puku

traje

yöpaita

camisón

pyjama

pijama

shari

sari

päähuivi

pañuelo para cabeza

turbaani

turbante

burka

burka

kaftaani

caftán

abaya

abaya

uimapuku

traje de baño

uimahousut

short de baño

shortsit

shorts

verkkarit

jogging

esiliina

delantal

käsineet

guantes

nappi	silmälasit	rannekoru
botón	anteojos	pulsera

kaulakoru	sormus	korvakoru
collar	anillo	aro

lippalakki	ripustin	hattu
gorra	percha	sombrero
	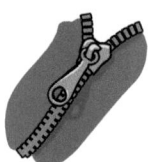	
solmio	vetoketju	kypärä
corbata	cierre	casco

henkselit	koulupuku	univormu
tiradores	uniforme escolar	uniforme

ruokalappu

babero

tutti

chupete

vaippa

pañal

toimisto
oficina

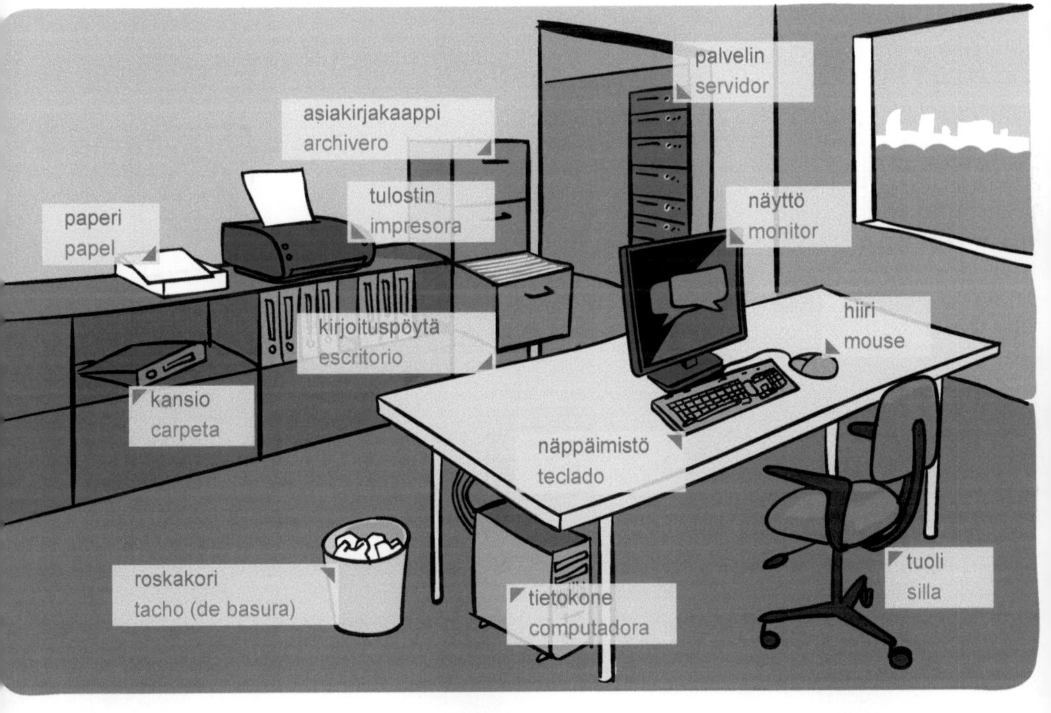

palvelin
servidor

asiakirjakaappi
archivero

tulostin
impresora

näyttö
monitor

paperi
papel

kirjoituspöytä
escritorio

hiiri
mouse

kansio
carpeta

näppäimistö
teclado

roskakori
tacho (de basura)

tuoli
silla

tietokone
computadora

kahvimuki

taza de café

taskulaskin

calculadora

internet

internet

kannettava tietokone

laptop

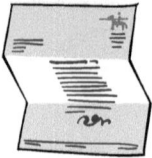

kirje

carta

viesti

mensaje

kännykkä

celular

verkko

red

kopiokone

fotocopiadora

ohjelmisto

software

puhelin

teléfono

pistorasia

tomacorriente

faksi

fax

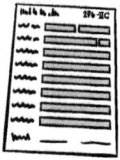

lomake

formulario

asiakirja

documento

ostaa

comprar

maksaa

pagar

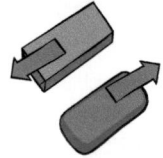

vaihtaa

hacer negocios

raha

dinero

dollari

dólar

euro

euro

jeni

yen

rupla

rublo

frangi

franco suizo

renminbi juan

yuan

rupia

rupia

pankkiautomaatti

cajero automático

rahanvaihto

casa de cambio

kulta

oro

hopea

plata

öljy

petróleo

energia

energía

hinta

precio

sopimus

contrato

vero

impuesto

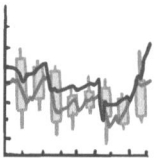

osake

acción

työskennellä

trabajar

työntekijä

empleado

työnantaja

empleador

tehdas

fábrica

liike

negocio

poliisi
policía

palomies
bombero

kokki
cocinero

lääkäri
médico

lentäjä
piloto

puutarhuri

jardinero

puuseppä

carpintero

ompelija

modista

tuomari

juez

kemisti

farmacéutico

näyttelijä

actor

linja-autonkuljettaja

colectivero

taksinkuljettaja

taxista

kalastaja

pescador

siivooja

mucama

katontekijä

techista

tarjoilija

mozo

metsästäjä

cazador

maalari

pintor

leipuri

panadero

sähköasentaja

electricista

rakentaja

albañil

insinööri

ingeniero

teurastaja

carnicero

putkiasentaja

plomero

postinjakaja

cartero

sotilas

soldado

arkkitehti

arquitecto

kassanhoitaja

cajero

floristi

florista

kampaaja

peluquero

konduktööri

cobrador

mekaanikko

mecánico

kapteeni

capitán

hammaslääkäri

dentista

tiedemies

científico

rabbi

rabino

imaami

imán

munkki

monje

pappi

sacerdote

työkalut
herramientas

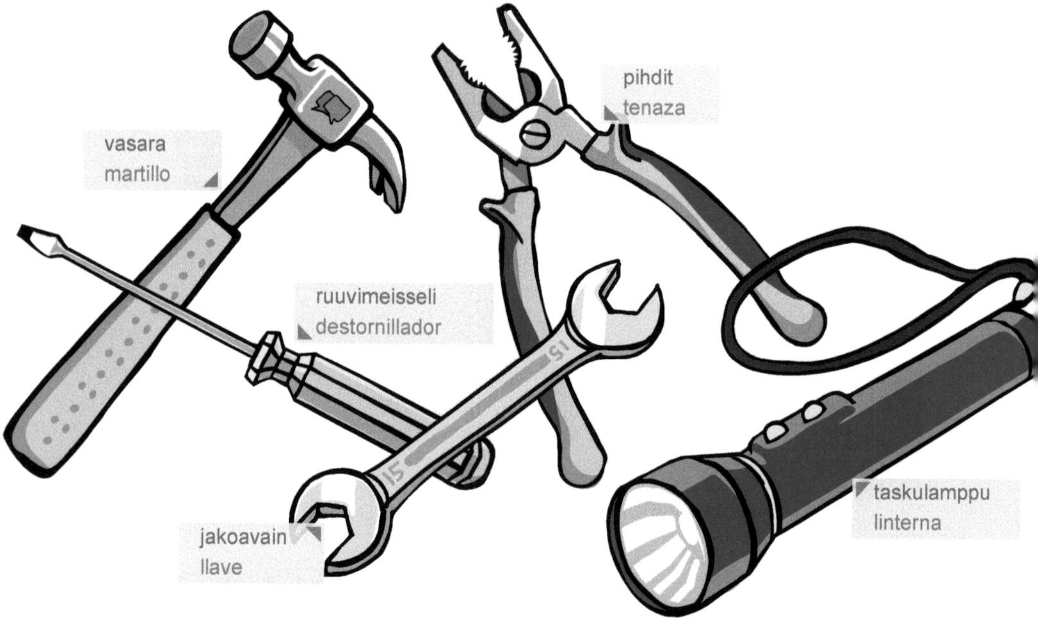
vasara
martillo
pihdit
tenaza
ruuvimeisseli
destornillador
jakoavain
llave
taskulamppu
linterna

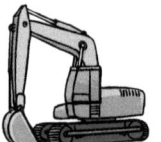

kaivinkone
excavadora

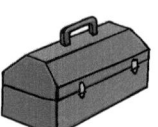

työkalupakki
caja de herramientas

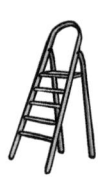

tikkaat
escalera portátil

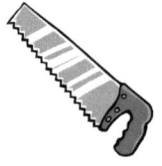

saha
sierra

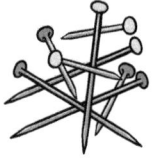

naulat
clavos

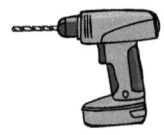

pora
taladro

korjata
....
arreglar

lapio
....
pala de jardín

Hitto!
....
¡Qué bronca!

rikkalapio
....
pala de plástico

maalipurkki
....
tacho de pintura

ruuvit
....
tornillos

soittimet
instrumentos musicales

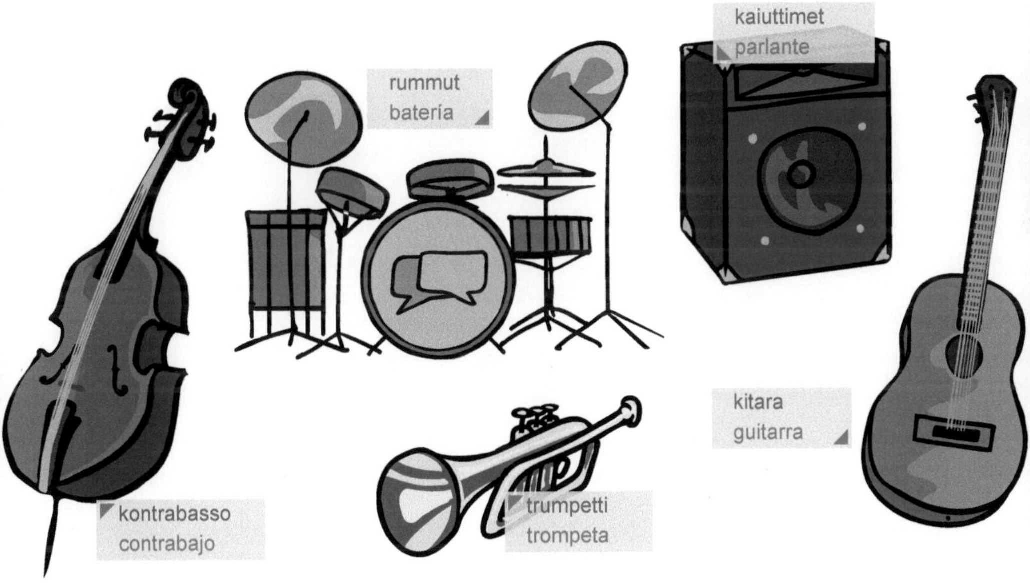

kaiuttimet
parlante

rummut
batería

kontrabasso
contrabajo

trumpetti
trompeta

kitara
guitarra

piano

piano

viulu

violín

basso

bajo

patarummut

timbales

rumpu

tambor

kosketinsoitin

teclado

saksofoni

saxofón

huilu

flauta

mikrofoni

micrófono

eläintarha
zoológico

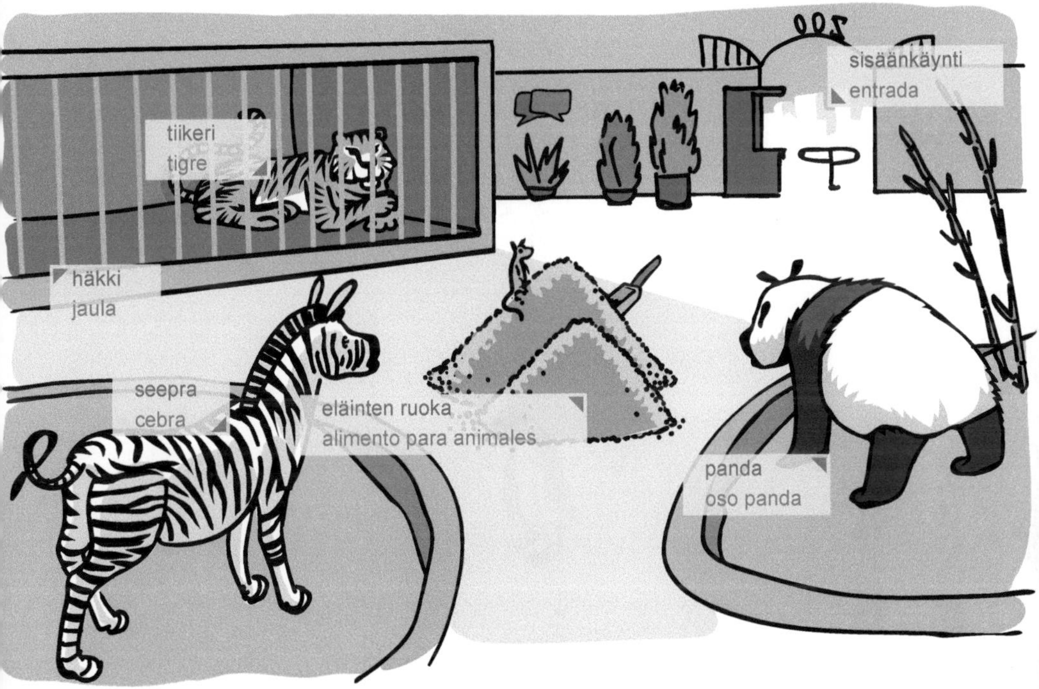
sisäänkäynti
entrada
tiikeri
tigre
häkki
jaula
seepra
cebra
eläinten ruoka
alimento para animales
panda
oso panda

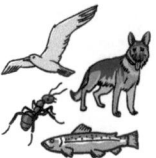

eläimet
animales

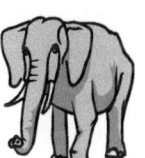

norsu
elefante

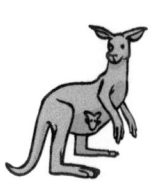

kenguru
canguro

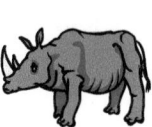

sarvikuono
rinoceronte

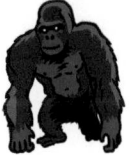

gorilla
gorila

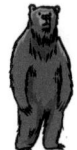

karhu
oso

kameli

camello

strutsi

avestruz

leijona

león

apina

mono

flamingo

flamenco

papukaija

loro

jääkarhu

oso polar

pingviini

pingüino

hai

tiburón

riikinkukko

pavo real

käärme

serpiente

krokotiili

cocodrilo

eläintarhanhoitaja

cuidador del zoológico

hylje

foca

jaguaari

jaguar

eläintarha - zoológico

poni

poni

leopardi

leopardo

virtahepo

hipopótamo

kirahvi

jirafa

kotka

águila

villisika

jabalí

kala

pescado

kilpikonna

tortuga

mursu

morsa

kettu

zorro

gaselli

gacela

amerikkalainen jalkapallo
fútbol americano

pyöräily
ciclismo

tennis
tenis

koripallo
básquet

uinti
natación

nyrkkeily
boxeo

jääkiekko
hockey sobre hielo

jalkapallo
fútbol

sulkapallo
bádminton

yleisurheilu
atletismo

käsipallo
handball

hiihto
esquí

poolo
polo

aktiviteetit
actividades

nauraa
reír
hypätä
saltar
halata
abrazar
kävellä
caminar
laulaa
cantar
unelmoida
soñar
rukoilla
rezar
suudella
besar

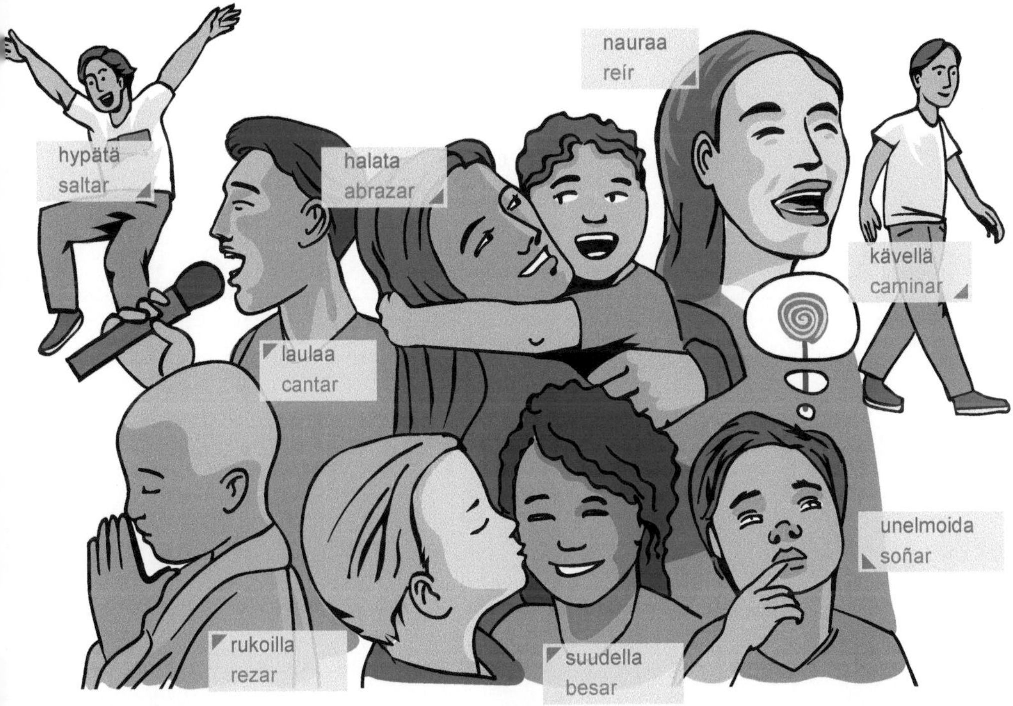

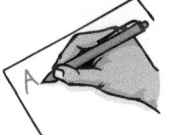

kirjoittaa

escribir

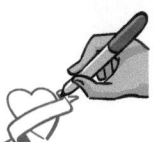

piirtää

dibujar

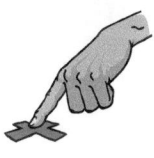

näyttää

mostrar

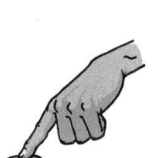

painaa

presionar

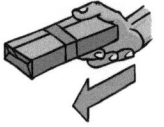

antaa

dar

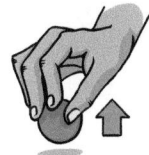

ottaa

tomar

omistaa

tener

tehdä

hacer

olla

ser

seisoa

estar parado

juosta

correr

vetää

tirar

heittää

tirar

kaatua

caer

maata

estar acostado

odottaa

esperar

kantaa

llevar

istua

estar sentado

pukeutua

vestirse

nukkua

dormir

herätä

despertar

katsoa

mirar

itkeä

llorar

silittää

acariciar

kammata

peinar

puhua

hablar

ymmärtää

entender

kysyä

preguntar

kuunnella

escuchar

juoda

beber

syödä

comer

siivota

ordenar

rakastaa

amar

keittää

cocinar

ajaa

manejar

lentää

volar

purjehtia

navegar

laskea

calcular

lukea

leer

oppia

aprender

työskennellä

trabajar

mennä naimisiin

casarse

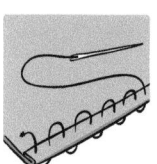

ommella

coser

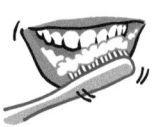

pestä hampaat

cepillarse los dientes

tappaa

matar

tupakoida

fumar

lähettää

enviar

mummo
abuela

ukki
abuelo

isä
padre

äiti
madre

vauva
bebé

tytär
hija

poika
hijo

vieras

invitado

täti

tía

setä

tío

veli

hermano

sisko

hermana

vartalo
cuerpo

otsa
frente
silmä
ojo
kasvot
cara
leuka
pera
rinta
pecho
sormet
dedo
käsi
mano
käsivarsi
brazo
olkapää
hombro
jalka
pierna

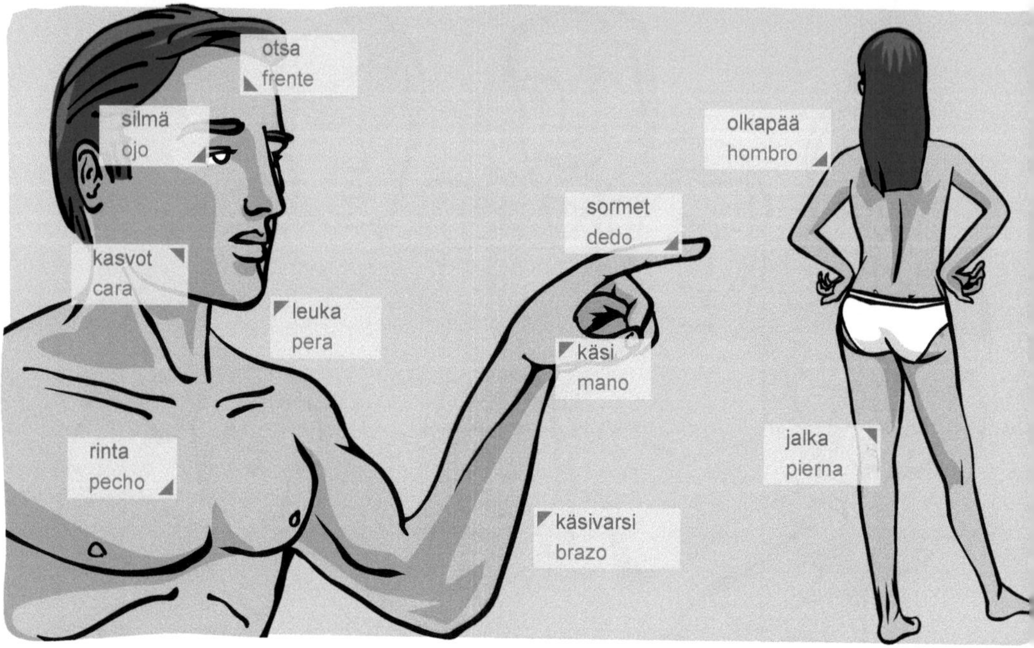

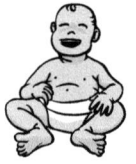

vauva
bebé

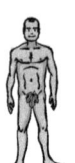

mies
hombre

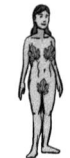

nainen
mujer

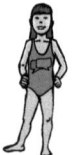

tyttö
nena

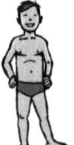

poika
nene

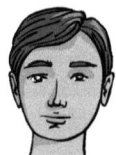

pää
cabeza

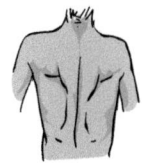

selkä

espalda

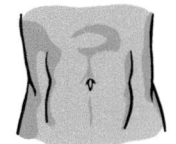

maha

panza

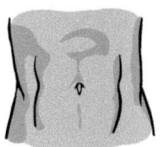

napa

ombligo

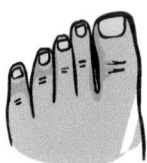

varvas

dedo del pie

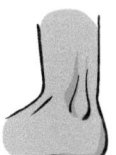

kantapää

talón

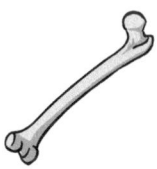

luu

hueso

lantio

cadera

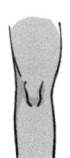

polvi

rodilla

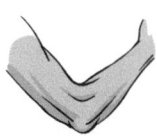

kyynärpää

codo

nenä

nariz

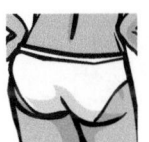

takapuoli

cola

iho

piel

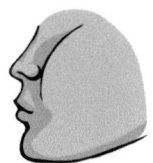

poski

cachete

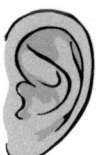

korva

oreja

huuli

labio

suu

boca

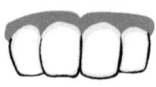

hammas

diente

kieli

lengua

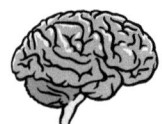

aivot

cerebro

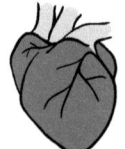

sydän

corazón

lihas

músculo

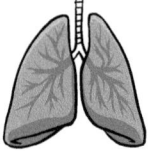

keuhkot

pulmón

maksa

hígado

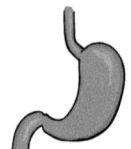

vatsa

estómago

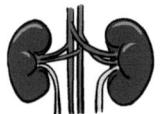

munuaiset

riñones

seksi

sexo

kondomi

preservativo

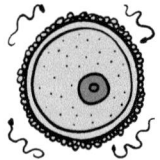

munasolu

óvulo

sperma

semen

raskaus

embarazo

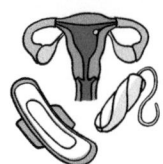

kuukautiset

menstruación

vagina

vagina

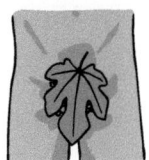

penis

pene

kulmakarvat

ceja

hiukset

pelo

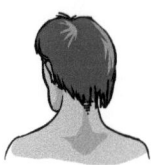

niska

cuello

sairaala
hospital

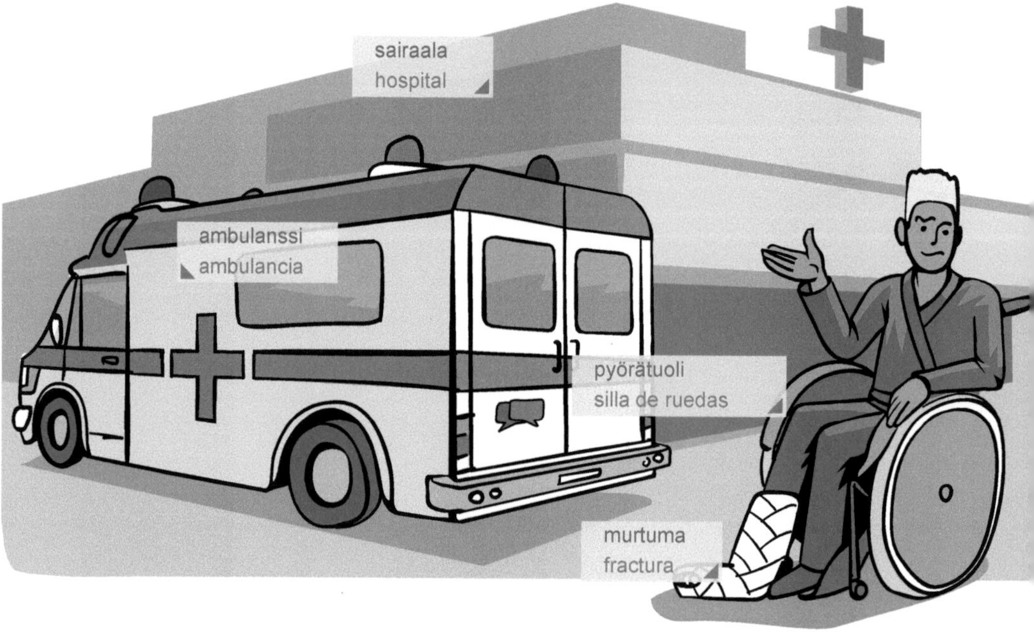

sairaala
hospital
ambulanssi
ambulancia
pyörätuoli
silla de ruedas
murtuma
fractura

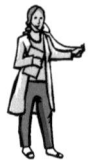

lääkäri

médico

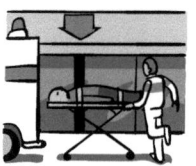

ensiapu

sala de guardia

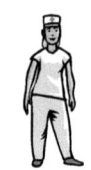

sairaanhoitaja

enfermera

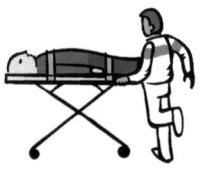

hätätilanne

emergencia

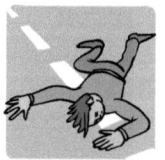

tajuton

inconsciente

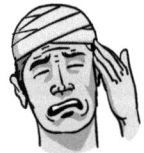

kipu

dolor

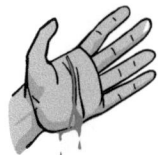

vamma

lesión

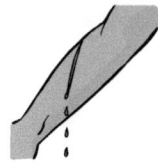

verenvuoto

hemorragia

sydänkohtaus

infarto

aivoinfarkti

ACV

allergia

alergia

yskä

tos

kuume

fiebre

flunssa

gripe

ripuli

diarrea

päänsärky

dolor de cabeza

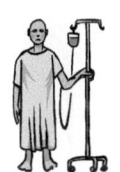

syöpä

cáncer

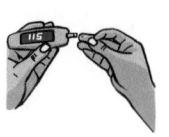

diabetes

diabetes

kirurgi

cirujano

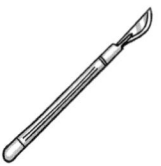

veitsi

bisturí

leikkaus

operación

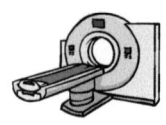

ct
....
TC

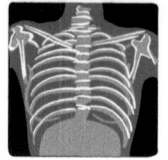

röntgen
....
rayos x

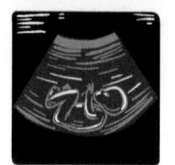

ultraääni
....
ecografía

maski
....
barbijo

sairaus
....
enfermedad

odotushuone
....
sala de espera

sauva
....
muleta

laastari
....
curita

side
....
venda

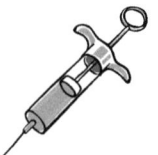

pistos
....
inyección

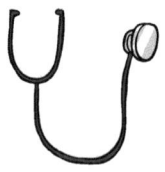

stetoskooppi
....
estetoscopio

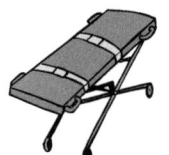

paarit
....
camilla

kuumemittari
....
termómetro

syntymä
....
nacimiento

ylipaino
....
sobrepeso

kuulolaite

audífono

desinfiointiaine

desinfectante

infektio

infección

virus

virus

HIV / AIDS

VIH / SIDA

lääke

remedio

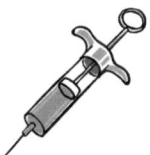

rokotus

vacunación

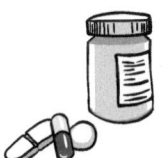

tabletit

comprimidos

pilleri

pastilla anticonceptiva

hätäpuhelu

llamada de emergencia

verenpainemittari

tensiómetro

sairas / terve

enfermo / sano

Apua!

¡Ayuda!

hälytys

alarma

ryöstö

agresión

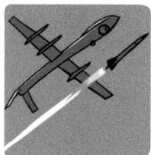

hyökkäys

ataque

vaara

peligro

hätäuloskäynti

salida de emergencia

Tulipalo!

¡Fuego!

palosammutin

matafuego

onnettomuus

accidente

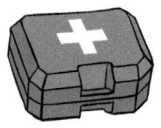

ensiapulaukku

botiquín de primeros
auxilios

SOS

SOS

poliisilaitos

policía

Eurooppa

Europa

Pohjois-Amerikka

América del Norte

Etelä-Amerikka

América del Sur

Afrikka

África

Aasia

Asia

Australia

Australia

Atlantin valtameri

Atlántico

Tyynimeri

Pacífico

Intian valtameri

Océano Índico

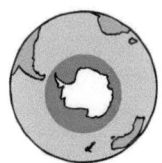

Eteläinen jäämeri

Océano Antártico

Pohjoinen jäämeri

Océano Ártico

pohjoisnapa

polo norte

etelänapa

polo sur

Antarktis

Antártida

maa

Tierra

maa

tierra

meri

mar

saari

isla

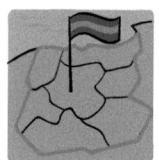

kansa

nación

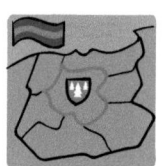

osavaltio

estado

kellotaulu

esfera

tuntiviisari

manecilla de las horas

minuuttiviisari

minutero

sekuntiviisari

segundero

Paljonko kello on?

¿Qué hora es?

päivä

día

aika

hora

nyt

ahora

digitaalikello

reloj digital

minuutti

minuto

tunti

hora

viikko
semana

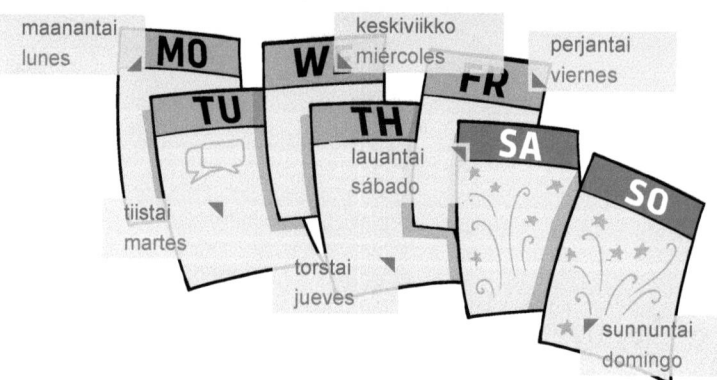

maanantai
lunes

keskiviikko
miércoles

perjantai
viernes

lauantai
sábado

tiistai
martes

torstai
jueves

sunnuntai
domingo

eilen
....
ayer

tänään
....
hoy

huomenna
....
mañana

aamu
....
mañana

keskipäivä
....
mediodía

ilta
....
tarde

työpäivät
....
días hábiles

viikonloppu
....
fin de semana

vuosi
año

sateenkaari
arco iris
sade
lluvia
lumi
nieve
tuuli
viento
kevät
primavera
syksy
otoño
kesä
verano
talvi
invierno

4.APRIL 11°
5.APRIL 4°
6.APRIL 13°
7.APRIL 8°
8.APRIL 10°

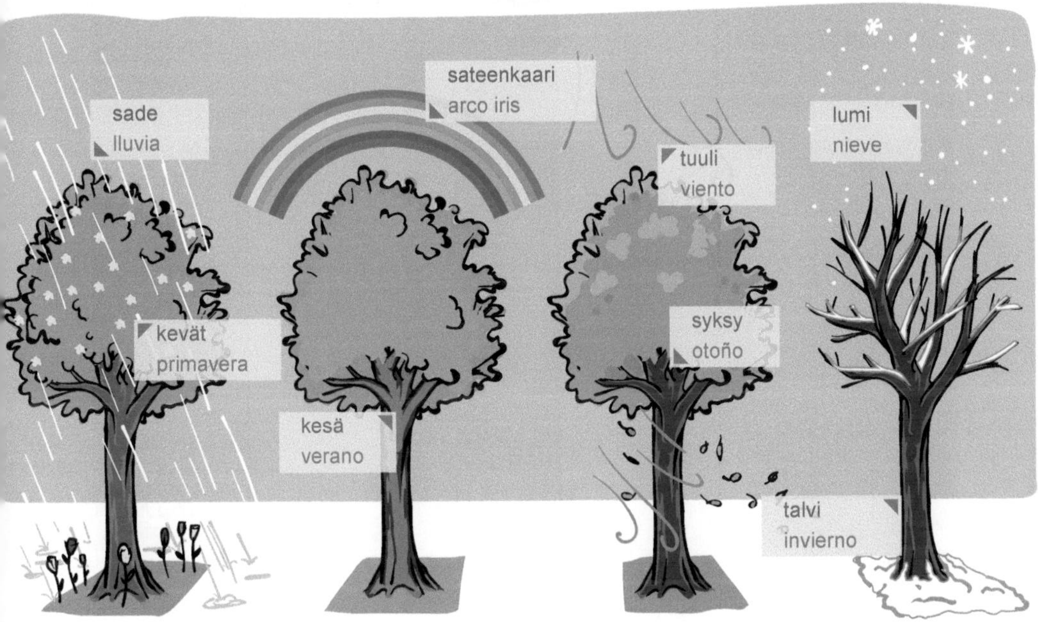

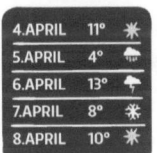

sääennuste

pronóstico meteorológico

F C
120 40
90 30
60 20
30 10
0 0
-30 -10
-20

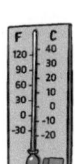

lämpömittari

termómetro

auringonpaiste

luz del sol

pilvi

nube

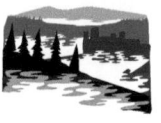

sumu

niebla

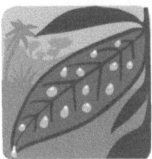

ilmankosteus

humedad

salama

rayo

ukkonen

trueno

myrsky

tormenta

rae

granizo

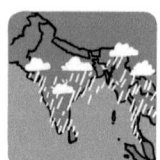

monsuuni

monzón

tulva

inundación

jää

hielo

tammikuu

enero

helmikuu

febrero

maaliskuu

marzo

huhtikuu

abril

toukokuu

mayo

kesäkuu

junio

heinäkuu

julio

elokuu

agosto

vuosi - año

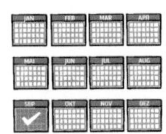

syyskuu

septiembre

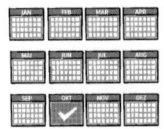

lokakuu

octubre

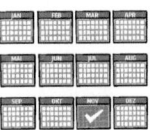

marraskuu

noviembre

joulukuu

diciembre

muodot

formas

ympyrä

círculo

neliö

cuadrado

suorakulmio

rectángulo

kolmio

triángulo

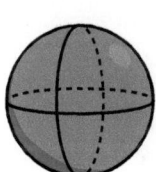

pallo

esfera

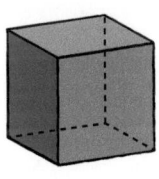

kuutio

cubo

valkoinen

blanco

keltainen

amarillo

oranssi

naranja

vaaleanpunainen

rosa

punainen

rojo

violetti

violeta

sininen

azul

vihreä

verde

ruskea

marrón

harmaa

gris

musta

negro

paljon / vähän

mucho / poco

vihainen / ystävällinen

enojado / tranquilo

kaunis / ruma

lindo / feo

alku / loppu

principio / fin

suuri / pieni

grande / chico

vaalea / tumma

claro / oscuro

veli / sisko

hermano / hermana

puhdas / likainen

limpio / sucio

täydellinen / epätäydellinen

completo / incompleto

päivä / yö

día / noche

kuollut / elävä

muerto / vivo

leveä / kapea

ancho / angosto

syötävä / syömäkelvoton

comestible / no comestible

paha / kiltti

malo / amable

innostunut / tylsistynyt

entusiasmado / aburrido

lihava / laiha

gordo / flaco

ensimmäinen / viimeinen

primero / último

ystävä / vihollinen

amigo / enemigo

täysi / tyhjä

lleno / vacío

kova / pehmeä

duro / blando

painava / kevyt

pesado / liviano

nälkä / jano

hambre / sed

sairas / terve

enfermo / sano

laiton / laillinen

ilegal / legal

älykäs / tyhmä

inteligente / estúpido

vasen / oikea

izquierda / derecha

lähellä / kaukana

cerca / lejos

uusi / käytetty

nuevo / usado

ei mitään / jotain

nada / algo

vanha / nuori

viejo / joven

päällä / pois päältä

encendido / apagado

auki / kiinni

abierto / cerrado

hiljainen / äänekäs

silencioso / ruidoso

rikas / köyhä

rico / pobre

oikein / väärin

correcto / incorrecto

karhea / sileä

áspero / suave

surullinen / iloinen

triste / contento

lyhyt / pitkä

corto / largo

hidas / nopea

lento / rápido

märkä / kuiva

mojado / seco

lämmin / viileä

caliente / frío

sota / rauha

guerra / paz

numerot

números

0	**1**	**2**
nolla	yksi	kaksi
cero	uno	dos
3	**4**	**5**
kolme	neljä	viisi
tres	cuatro	cinco
6	**7**	**8**
kuusi	seitsemän	kahdeksan
seis	siete	ocho
9	**10**	**11**
yhdeksän	kymmenen	yksitoista
nueve	diez	once

12

kaksitoista

doce

13

kolmetoista

trece

14

neljätoista

catorce

15

viisitoista

quince

16

kuusitoista

dieciséis

17

seitsemäntoista

diecisiete

18

kahdeksantoista

dieciocho

19

yhdeksäntoista

diecinueve

20

kaksikymmentä

veinte

100

sata

cien

1.000

tuhat

mil

1.000.000

miljoona

millón

englanti

inglés

amerikanenglanti

inglés americano

mandariinikiina

chino mandarín

hindi

hindi

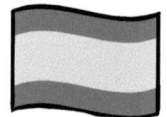

espanja

español

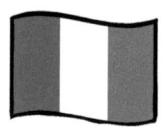

ranska

francés

arabia

árabe

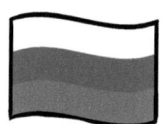

venäjä

ruso

portugali

portugués

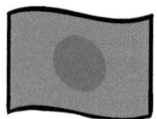

bengali

bengalí

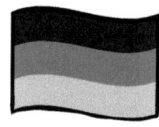

saksa

alemán

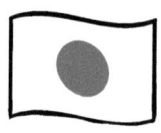

japani

japonés

minä

yo

sinä

vos

hän

él / ella

me

nosotros

te

ustedes

he

ellos

kuka?

¿quién?

mitä / mikä?

¿qué?

miten?

¿cómo?

missä?

¿dónde?

milloin?

¿cuándo?

nimi

nombre

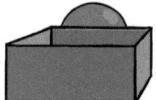

takana

detrás

sisällä

en

edessä

adelante de

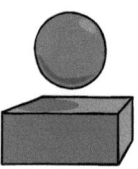

yläpuolella

por encima de

päällä

sobre

alapuolella

debajo de

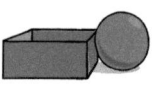

vieressä

al lado de

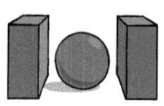

välissä

entre

paikka

lugar